Einsterns Schwester

4

Themenheft 3
Texte planen und schreiben

Herausgegeben von
Roland Bauer, Jutta Maurach

Erarbeitet von
Katrin Baudendistel, Daniela Dreier-Kuzuhara

Cornelsen

Inhaltsverzeichnis

So kannst du mit den Heften arbeiten

Du machst alle
Seiten der Lernportion 1.

Zuerst im grünen Heft. Dann im roten Heft. Dann im gelben Heft. Und dann im blauen Heft.

Danach machst du in
allen Heften die Lernportion 2.

Nun machst du in
allen Heften die Lernportion 3.

Genauso bearbeitest du
alle anderen Lernportionen.

1 Zu den Anfangsbuchstaben des Namens schreiben

1 Gestalte ein Schmuckblatt mit den Anfangsbuchstaben deines Vornamens und deines Nachnamens in Großbuchstaben.

2 Sammle zu jedem Anfangsbuchstaben Wörter, die zu dir passen.

Heft 3, S. 5 ②
...

lustig	Bananeneis
lieb	brummig
Limonade	Bruder
lachen	Brille
laut	bummeln
lesen	basteln

3

1 In einem Text Wörter mit K/k ersetzen

1 Lies die Geschichte.

a) Ersetze mindestens fünf Wörter, die mit **K/k** beginnen, durch ein anderes passendes Wort.

b) Schreibe die Geschichte in Schönschrift in dein Heft und gestalte einen passenden Rahmen.

c) Unterstreiche die ersetzten Wörter.

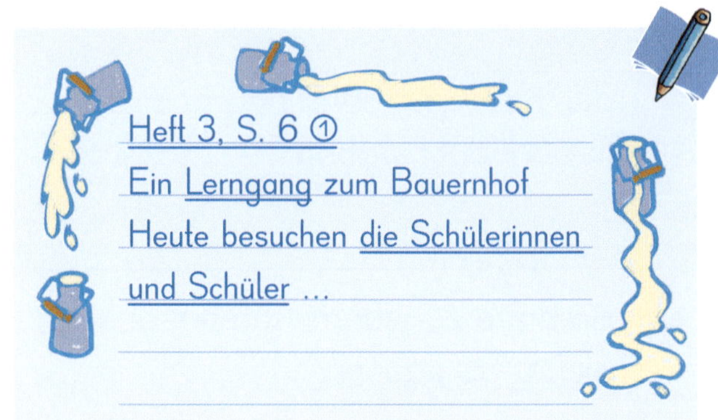

Ein Klassenausflug zum Bauernhof

Heute besucht die Klasse 4a den Bauernhof der Familie Maier.
Der kleine Bauer erwartet die Kinder zum Rundgang durch den Stall.
Dort stehen dreißig Kühe, die frisches Gras kauen.
Anschließend bestaunen die Kinder das drei Tage alte Kalb Rudolf.
Sie dürfen es ganz vorsichtig knuddeln.
Als Nächstes kommen sie zur Milchkammer.
Aus der Kammer wird gerade die kalte Milch in ein Milchauto gepumpt.
Anschließend wird sie zur Molkerei gebracht.
Zum Abschluss bekommt die Klasse eine Kanne Milch geschenkt.

2

1 Einen Text verschlüsseln

1 Verändere den Text.

a) Lies zuerst den ganzen Text.
Lies dann Satz für Satz.

b) Finde das erste Nomen in der Wörterliste im roten Heft (= Hubschrauber).

c) Ersetze das Nomen durch das dritte darauf folgende Nomen in der Wörterliste (= Idee).

d) Verfahre so mit allen Nomen des Textes. Passe das Nomen richtig an den Text an.

e) Unterstreiche die eingesetzten Wörter.

Heft 3, S. 7 ①
Ideen brauchen keinen Stift …

die **Höh|le,** die Höhlen M
der **Hub|schrau|ber,** die Hubschrauber
der **Hun|ger**
hung|rig
der **Hy|drant,** die Hydranten M

I i

die **Idee,** die Ideen M
im|mer

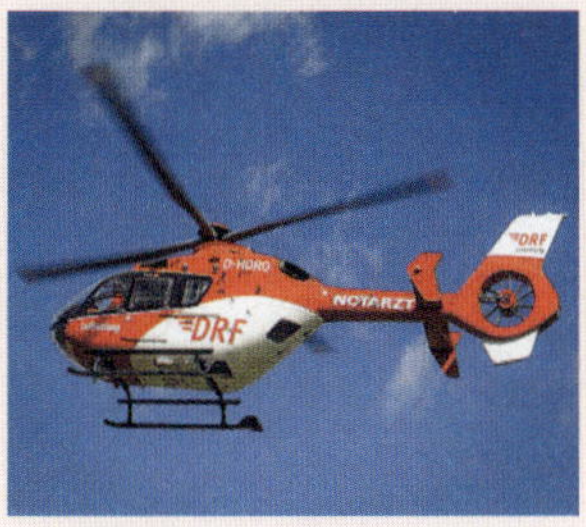

Hubschrauber brauchen keine Startbahn wie ein normales Flugzeug. Sie können senkrecht starten und landen, rückwärts oder seitwärts fliegen und sogar in der Luft stehen bleiben. Hubschrauber werden deshalb vor allem im Rettungsdienst eingesetzt. Bei einem Verkehrsunfall können sie direkt am Unfallort landen und Verletzte in ein Krankenhaus bringen.

2 Suche dir selbst einen kurzen Text und verschlüssle ihn.

a) Schreibe den Text ab und ersetze die Nomen im Text wie in 1.

b) Lass ein anderes Kind den Text entschlüsseln.

c) Sammelt eure Texte und stellt sie aus.

1 Das Vortragen üben

So trage ich etwas vor:

1. **Ich stehe auf** und beginne erst, wenn alle **ruhig** sind.

2. **Ich formuliere** einen Anfangssatz.
   Ich möchte euch (zusammen mit …) vorstellen, was für lustige Sätze entstehen können, wenn in einem Text einzelne Wörter ersetzt werden.

3. **Ich stelle** meinen Text **vor**. Dabei
   – **spreche** ich **langsam**, **laut** und **deutlich**,
   – **betone** ich wichtige Wörter.

4. Nach Möglichkeit trage ich meinen Text **frei** vor. Nach jedem Satz
   – mache ich eine **kurze Pause**,
   – **schaue** ich den Zuhörern kurz **in die Augen**.

5. Am Ende meiner Präsentation
   bedanke ich mich bei den Zuhörern.
   Vielen Dank für eure Aufmerksamkeit.

6. Ich lasse mir eine **Rückmeldung** geben.
   Was war gut? Was kann ich besser machen?

1 Präsentiere mit einem Partnerkind
Aufgabe 2 von Seite 7.
Du präsentierst die veränderten Sätze,
dein Partner stellt die richtigen Sätze vor.

1 Eine Geschichte gemeinsam entwickeln

So schreibe ich (zu zweit) eine Pingpong-Geschichte:
1. Ich suche mir ein Partnerkind.
2. Ein Kind schreibt einen Satz auf.
3. Das andere Kind schreibt einen Fortsetzungssatz.
4. Abwechselnd ergänzen wir unsere Geschichte, ohne dabei zu sprechen.

1 Suche dir ein Partnerkind.
Schreibt gemeinsam
eine Pingpong-Geschichte.

Heft 3, S. 9 ①
...

2 Lest anderen Kindern eure Geschichte vor.

3 Sammelt Zeitungen und Zeitschriften.
Schneidet aus Überschriften und Werbeseiten einige Wörter aus.
Bildet aus den Wörtern lustige, spannende oder unsinnige Sätze.
Stellt aus mehreren Sätzen eine Geschichte zusammen
und klebt sie auf ein Blatt.

1 Über das eigene Lernen nachdenken

Ergänze deine Lernraupe.

2 Merkmale einer E-Mail kennenlernen

1 Ordne den Wörtern die Erklärungen zu.

- Header
- E-Mail
- Betreff
- Cc
- Bcc

- carbon copy (= Kopie der Mail an einen weiteren Empfänger)
- blind carbon copy (= Blindkopie der Mail an weitere, für andere unsichtbare, Empfänger)
- Kopfzeile einer E-Mail, in der Hinweise auf Absender, Empfänger und Datum stehen
- electronic mail (= elektronische Post)
- Thema einer schriftlichen Nachricht

Heft 3, S. 11 ①
Header: Kopfzeile einer E-Mail, ...

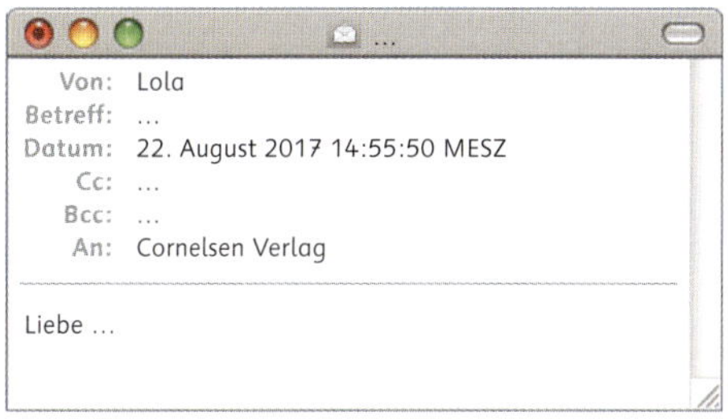

2 Ordne den E-Mails die Betreffzeilen zu oder finde selbst eine Betreffzeile. Schreibe Betreffzeile und Nummer in dein Heft.

- Verabredung zum Schwimmen
- Projekt Wale
- ...

Heft 3, S. 11 ②
1 = ...
2 = ...
...

1

Liebe Lisa,

wollen wir heute Nachmittag um 15 Uhr ins Freibad gehen?

Viele Grüße
Tim

2

Liebe Jule,

möchtest du am Samstag bei mir übernachten? Frage mal deine Eltern, ob du darfst.

Herzliche Grüße von
Antonia

3

Hallo Marie,

wollen wir zusammen in die Bücherei gehen und nach Walbüchern schauen?

Viele Grüße
Lea

→ AH Seite 15

2 Anredepronomen finden und unterscheiden

Ich unterscheide höfliche und persönliche (freundschaftliche) Anredepronomen.
Höfliche Anredepronomen schreibe ich **groß** (Sie, Ihr, Ihre, Ihrem …).
Ich verwende sie, wenn ich an Fremde oder Erwachsene schreibe.
Persönliche Anredepronomen (du, dein, dir, dich, euch …) benutze ich, wenn ich an Freunde und Verwandte schreibe.
Ich kann sie **groß- oder kleinschreiben**.

Von: Emilian
Betreff: liebe Grüße
An: Lorenz

Lieber Lorenz,

vielen Dank für deinen Brief zum Geburtstag. Ich wollte dich anrufen, doch leider habe ich bei euch niemanden erreicht. Ist euer Telefon kaputt? Wann sehen wir uns wieder? Du fehlst mir!

Ich schicke dir ganz liebe Grüße
dein Emilian

Von: K. Baudendistel
Betreff: Sportbefreiung
An: Sportlehrer@pestalozzi-grundschule.de

Sehr geehrter Herr Pfeifer,

bitte entschuldigen Sie, dass mein Sohn Emilian wegen starker Zahnschmerzen nicht an Ihrem Sportunterricht teilnehmen konnte.

Vielen Dank für Ihr Verständnis.

Mit freundlichen Grüßen

Ihre K. Baudendistel

1 Lies die E-Mails und achte auf Anredepronomen.
Ordne die sieben persönlichen und die vier höflichen Anredepronomen richtig zu.

Heft 3, S. 12 ①

persönlich	höflich
deinen	Sie
…	

2 Schreibe kurze Briefe oder E-Mails, in denen du dich für ein Geburtstagsgeschenk bedankst.

a) Schreibe an deine Großeltern.
Benutze persönliche Anredepronomen.

b) Schreibe an jemanden aus deiner Nachbarschaft.
Verwende höfliche Anredepronomen.

Heft 3, S. 12 ②

…

2 Abkürzungen entschlüsseln

Ich verschicke
Kurznachrichten (= SMS) mit dem Handy oder ich chatte.
Dabei verwende ich Smileys, z. B. :-), und
Abkürzungen, z. B. *sry*.

1 Decke die rechte Seite der Tabelle ab. Lies die Abkürzungen. Überlege, was sie bedeuten. Kontrolliere deine Vermutung.

:-)	lachend, froh, glücklich	:-(	traurig, enttäuscht sein
:-*	Kuss	:-O	erstaunt sein
:-X	schweigen	8-o	Oh nein!
lol	laut lachen (laughing out loud)	*fudhuk*	fall um den Hals und knuddel
:-$	krank sein	*Wil*	Was ist los?
l	lachen	*g*	grinsen
U	du (you)	*NM*	Nachmittag
sry	Entschuldigung (sorry)	*dwb*	dumm wie Brot
2L8	zu spät (too late)	*hdl*	hab dich lieb
HGW	Herzlichen Glückwunsch	*WE*	Wochenende
CU	Bis bald (see you)	*n8*	Nacht
LG	Liebe Grüße	*BB*	Tschüss (bye-bye)

2 Entschlüssle diese Nachrichten.

3 Schreibe eine Nachricht an ein anderes Kind und verwende dabei mindestens drei Abkürzungen.

Heft 3, S. 13 ③
...

2 Berichte kennenlernen

1 Zwei Berichte sind durcheinandergeraten.
Ordne die beiden Texte und schreibe einen Bericht auf.

Heft 3, S. 14 ①
...

Brandstifter legte erneut Feuer

Großer Applaus für die Theatergruppe Spielgut

Am vergangenen Mittwoch um 15 Uhr wurde in der Gemeindehalle Derendingen das Märchen Rotkäppchen von der Theatergruppe Spielgut aufgeführt.
Gestern Nacht gegen 3 Uhr war wieder ein Brandstifter unterwegs.
In einer Scheune in Gomaringen wurden vermutlich Strohballen angezündet.
Die meisten Zuschauer waren zwischen 8 und 10 Jahre alt.
Anwohner sahen von Weitem die Rauchwolken und meterhohe Flammen.
Die liebevoll gestalteten Kulissen ließen die Kinder in die Märchenwelt eintauchen.
Da die Feuerwehr in nur wenigen Minuten vor Ort war, konnte das Schlimmste verhindert werden.
Am Ende gab es großen Applaus von den begeisterten Zuschauern.
Es wurden weder Menschen noch Tiere verletzt.
Die Theatergruppe plant im Frühjahr weitere Aufführungen.
Die Polizei bittet um sachdienliche Hinweise.

2 Beantworte zu deinem Text die W-Fragen:
Wann? Wo? Wer?

Heft 3, S. 14 ②
Wann?
Wo?
Wer?

2.

Einen **Bericht** schreibe ich in der 1. Vergangenheit (Präteritum). Ich schreibe sachlich, ohne Gefühle und ohne wörtliche Rede.

Denke an die richtige zeitliche Abfolge.

3 Lies den Leitfaden zum Bericht.

Den Anlass als **Überschrift** verwenden:
Unfall in der Hauptstraße

Einleitende W-Fragen beantworten:
Wann? Samstag, 14. November, 14:23 Uhr
Wo? Freiburg, Kreuzung Steinstr./Hauptstr.
Wer? Beteiligte: Fahrradfahrer/Autofahrer
Zeugen: Tobias Müller, Hanna Schreiber

Genauere W-Fragen beantworten:
Was? Auto fährt auf Kreuzung gegen 10-jähriges Kind mit Fahrrad
Wie? Autofahrer übersieht die rote Ampel
Warum? Autofahrer wird von Sonne geblendet

Einen **abschließenden Satz** schreiben:
Welche Folgen gab es?
Das Kind brach sich den linken Arm.
Das Fahrzeug hatte eine Delle.

Bericht **überprüfen**:
- Zeitform: 1. Vergangenheit
- zeitliche Reihenfolge

STOPP

4 Schreibe mit Hilfe der blauen Beispielwörter aus dem Leitfaden einen Unfallbericht.

Heft 3, S. 15 ④
Unfall in der Hauptstraße
Am Samstag, den 14. November …
…

2 Einen Bericht überarbeiten

1 Lies Text 1. Ordne den unterstrichenen Fehlern die passenden Korrekturzeichen zu. Schreibe die verbesserten Wörter auf.

Heft 3, S. 16 ①
R – richtig: Sportunfall
...

Gebrochener Arm im Sportunterricht (Text 1)

Kürzlich geschah ein Spottunfall. Ralf bricht sich den Arm. Jetzt trägt er den Arm in Gips. Er will über den Kasten fliegen, da passiert es! Mit eigenen Augen sehe ich, wie er plözlich herunterfällt. „Oh nein!", rief ich. Mir wird ganz schlecht vor Schrek. Ralf hat geschrien, bis das Krankenhaus kam.

Gebrochener Arm im Sportunterricht (Text 2)

Am 17. Mai um 09.09 Uhr verunglückte in der Turnhalle Ralf Schneider während unserer Sportstunde.
Wir übten gerade das Springen über den Kasten. Ralf war an der Reihe und lief schnell an. Als er sich auf dem Kasten mit beiden Händen abstützen wollte, rutschte er ab. Er stürzte kopfüber herunter und prallte heftig mit dem rechten Arm auf die Turnmatte. Unter Tränen klagte er über starke Schmerzen im Unterarm. Herr Schweikert rief sofort den Krankenwagen. Im Krankenhaus wurde festgestellt, dass Ralf sich den rechten Unterarm gebrochen hat.

2 Lies Text 2. Vergleiche nun beide Texte mit einem Partnerkind. Entscheidet, welcher Text ein guter Bericht ist. Begründet.

3 Nimm einen Zettel.

a) Schreibe mit Hilfe des Leitfadens von Seite 15 einen Bericht zu einem Thema deiner Wahl (z. B. Unfall, Ausflug …).

b) Stelle deinen Bericht in einer Wandzeitung aus.

2 Über das eigene Lernen nachdenken

Ergänze deine Lernraupe.

3 Eine Erlebnisgeschichte planen

Eine **Erlebnisgeschichte** schreibe ich in der 1. Vergangenheit (Präteritum). Ich denke an die wörtliche Rede.

1 Lies den Leitfaden für das Schreiben einer Erlebnisgeschichte.

Ein **Thema** finden:
ein Erlebnis aus den Ferien, mit Freunden, in der Schule, …

Die W-Fragen in der **Einleitung** beantworten:
Wer spielt bei diesem Erlebnis eine Rolle?
Wann war das Erlebnis?
Wo ist es passiert?

Im **Hauptteil** ausführlich und spannend erzählen, **was** passiert:
- Einzelheiten schildern
- einen **Höhepunkt** schreiben
- Gefühle der Personen benennen

Im **Schluss** knapp schreiben, wie die Geschichte endet.

Eine passende **Überschrift** finden:
- neugierig machen
- nicht zu viel verraten

Erlebnisgeschichte **überprüfen**:
- Zeitform: 1. Vergangenheit
- abwechslungsreiche Satzanfänge
- treffende Adjektive

STOPP

2 Plane eine Einleitung für eine Geschichte.
Schreibe Stichwörter in dein Heft:
– **Wer** kommt in deiner Geschichte vor?
– **Wo** spielt deine Geschichte?
– **Wann** spielt die Geschichte?

Heft 3, S. 18 ②
Wer? …
Wo? …
Wann? …

3 Schreibe mit Hilfe deiner Stichwörter eine Einleitung.

Heft 3, S. 18 ③
…

→ AH Seite 22

3 Eine passende Überschrift finden

Die **Überschrift** einer Geschichte ist sehr wichtig. Sie soll den Leser neugierig machen und darf gleichzeitig nicht zu viel verraten.

1 Lies Janas Erlebnisgeschichte.
Notiere alle dazu passenden Überschriften.

Heft 3, S. 19 ①
...

Grillfest ohne Würstchen | Wie Schnuffel alle Steaks klaute | Der Grill, die Würstchen und der Hund | Das nervige Handy

Wie jedes Jahr feierten wir auch in diesem Sommer ein Sommerfest im Garten. Tante Petra grillte. Sie legte die Würstchen und das Fleisch auf einen Teller neben den Grill. Plötzlich klingelte ihr Handy. Tante Petra nahm den Anruf an und lief ins Haus, um ungestört zu telefonieren. Niemand bemerkte, dass der Teller neben dem Grill unbewacht war. Auf diese Gelegenheit hatte unser Hund Schnuffel nur gewartet. Der Frechdachs klaute alle Würstchen vom Teller. Als mein Vater das sah, rannte er schimpfend und mit den Armen rudernd hinterher. Aber er kam zu spät.

Jana, 10 Jahre

2 Finde eine eigene Überschrift.

Heft 3, S. 19 ②
...

3

3 Eine Geschichte szenisch spielen

1 Suche drei andere Kinder, mit denen du die Geschichte von Seite 19 spielen willst.

a) Lest die Geschichte noch einmal gemeinsam.

b) Verteilt die Rollen: ein Erzähler oder eine Erzählerin,
Tante Petra, der Vater, der Hund

c) Überlegt gemeinsam:

Was sagen die Personen?
- der Erzähler als Erklärung
- Tante Petra, als das Handy klingelt
- der Vater, als er den Hund sieht
- …

Was tun die Personen (= Handlungen und Gesten) und welche Gefühle zeigen sie?
- Die Tante baut den Grill auf, schüttet Kohle auf den Grill, macht Feuer und legt die Würstchen darauf.
- Die Tante ist genervt, als das Handy klingelt. Sie schüttelt den Kopf. …
- …

d) Schreibt eure Überlegungen als Spielszene auf.

Erzähler: Wie jedes Jahr im Sommer …
Die Tante baut den Grill auf, schüttet Kohle auf den Grill, macht Feuer
und legt die Würstchen darauf.
Erzähler: Klingeling! Klingeling!
Tante Petra (schaut genervt, seufzt): Das kann ja wohl nicht wahr sein. …
…

2 Spielt die Szene eurer Klasse vor.

3 Den Höhepunkt erkennen

Die **spannendste Stelle im Hauptteil** einer Geschichte wird **Höhepunkt** genannt.

Spannung kannst du mit folgenden Mitteln **erzeugen**:

- kurze Sätze
- Vergleiche
- Ausrufe
- anschauliche Verben und Adjektive
- wörtliche Rede

1 Finde in beiden Geschichten den Anfang des Höhepunkts. Notiere jeweils die Zeilennummern.

Heft 3, S. 21 ①
Text 1, Zeile …
Text 2, Zeile …

1 … Nun waren wir mit dem Segelboot richtig weit draußen auf dem Meer. Wir bemerkten bislang nicht, dass der Wind immer stärker wurde. Plötzlich kam eine heftige Windböe und eine hohe Welle schwappte über das Boot. Sie erfasste Peter und riss ihn mit sich ins Meer. Ich schrie: „Ich sehe Peter nicht!“ Marlene fing an zu weinen und glaubte ihren Bruder für immer verloren zu haben. Auf einmal hörten wir einen lauten Hilferuf. Peter war hinter uns aufgetaucht und klammerte sich am Bootsrand fest wie ein Krake …

2 … ich lief durch den stockdunklen Flur, da ich dringend auf die Toilette musste. Mit einem Mal hüpfte eine weiße Gestalt hinter dem Schrank hervor. Ich hörte ein lautes Klirren. Ich erschrak zu Tode und schrie, so laut ich konnte: „Hilfe!“ Mein Herz klopfte so laut wie ein Hammer. Da ging das Licht an …

2 Schreibe zu beiden Geschichten auf, welche Wörter den Höhepunkt ankündigen.

Heft 3, S. 21 ②
Text 1: …
Text 2: …

3 Lebendig erzählen

Eine Geschichte wird lebendiger und anschaulicher durch **treffende Adjektive**, **Satzumstellungen** und **Beschreibung von Gefühlen.**

1 Lies die Sätze und ergänze sie mit treffenden Adjektiven.
Unterstreiche die eingesetzten Wörter.

Heft 3, S. 22 ①
Am letzten Sonntag machten wir einen tollen Ausflug zum beliebten Streichelzoo.

Am letzten Sonntag machten wir einen Ausflug zum Streichelzoo.
Dort sahen wir Ziegen, Schafe und Esel.
Wir gaben ihnen Äpfel und Brot zum Fressen. Als Spaziergänger mit einem Hund vorbeiliefen, rannten die Tiere weg.
Ein Hängebauchschwein kam angerannt und freute sich über das Futter.

2 Stelle die Satzglieder um.

Heft 3, S. 22 ②
Geschickt nahm sie dem Gegenspieler den Ball ab.

Sie nahm dem Gegenspieler geschickt den Ball ab.
Sie rannte schnell mit dem Ball Richtung Tor.
Sie setzte gerade zum Schuss an.
Sie traf leider nicht das Tor.
Sie schoss den Ball unglücklicherweise ins Publikum.
Sie ärgerte sich fürchterlich über ihre verpasste Chance.

Anstatt für jeden Satzanfang ein neues Wort zu suchen, kannst du auch Sätze umstellen.

3 Gefühle zuordnen

1 Lies die Textstreifen.
Zeichne eine Tabelle in dein Heft
und ordne die Gefühle richtig ein.

Heft 1, S. 23 ①

Angst	Freude	beides
einen Kloß im Hals haben		
…		

einen Kloß im Hals haben

Das Herz rutscht in die Hose.

grinsen wie ein Honigkuchenpferd

Schmetterlinge im Bauch fühlen

Die Stimme versagt.

himmelhoch jauchzend

Herzklopfen haben

feuchte Hände haben

schaudern

eine Gänsehaut bekommen

fröhlich quietschen

Hände und Knie zittern.

2 Ergänze die Tabelle aus 1
durch weitere Beispiele.

Heft 3, S. 23 ②
…

3 Schreibe mit Hilfe des Leitfadens von Seite 18
eine Geschichte über ein freudiges oder
angsterfülltes Erlebnis.
Nutze die Wörter aus deiner Tabelle,
um deine Gefühle zu beschreiben.

Heft 3, S. 23 ③
…

3 Eine Erlebnisgeschichte schreiben

① Schreibe mit Hilfe des Leitfadens von Seite 18 eine Erlebnisgeschichte. Wähle aus den folgenden Angeboten eines aus oder verwende eine eigene Idee.

Heft 3, S. 24 ①
...

Mein lustigster Streich

Mein bester Freund und ich

Mein schönstes Ferienerlebnis

Als ich einmal vor Lachen Bauchschmerzen hatte

② Suche dir für eine Schreibkonferenz mindestens zwei Kinder, mit denen du deine Geschichte überarbeitest.

③ Sammelt eure Geschichten in einem Klassen-Geschichtenbuch. Du kannst deine Geschichte am Computer abtippen, gestalten und ausdrucken.

3 Über das eigene Lernen nachdenken

Ergänze deine Lernraupe.

4 Einen Gegenstand beschreiben

Einen Gegenstand beschreibe ich in der Gegenwart (Präsens). Ich schreibe sachlich und genau, ohne Gefühle und wörtliche Rede.

1 Lies den Leitfaden für die Beschreibung eines Gegenstandes.

Gegenstand **genau bezeichnen**:
Sporttasche, Füller …

Gegenstand **genau beschreiben**:

Form:	rund, eckig, spitz …
Größe:	groß wie ein Tennisball, winzig …
Farbe:	rot gestreift, hellgrün …
Material:	Kunststoff, Leder, Plastik, Holz, Draht …
Besonderheit:	Aufkleber an der Seite, Kratzer auf der Kappe, Namensschild …

Einzelteile oder Zweck **genau benennen**:
Umhängegurt, Extrafach für Schuhe, silberne Kappe …

Beschreibung **überprüfen**:
- Zeitform: Gegenwart
- treffende Wörter
- ausreichend anschauliche Adjektive

STOPP

2 Wähle einen Gegenstand im Klassenraum. Beschreibe ihn mit Hilfe des Leitfadens ganz genau, ohne den Namen des Gegenstandes zu nennen. Lass ein Partnerkind den Gegenstand nach deiner Beschreibung finden.

Heft 3, S. 26 ②
Mein Gegenstand hat einen Reißverschluss und zwei Tragegriffe. Er ist eckig. …

3

→ AH Seite 29, 30

4 Treffende Wörter finden

Ich verwende bei einer **Gegenstandsbeschreibung**
- **genaue Bezeichnungen**, z. B. Fachwörter,
- **anschauliche Adjektive** zur genauen Beschreibung,
- **treffende Verben** zur genauen Beschreibung der Funktion.

So kann sich jemand ein ganz genaues Bild von dem Gegenstand machen.

1 Finde genauere Bezeichnungen für diese Nomen. Schreibe mindestens drei weitere Begriffe in dein Heft.

Trinkgefäß | Schreibwerkzeug | Schuh | Tasche

Heft 3, S. 27 ①
Trinkgefäß = Becher, Tasse, …
…

2 Finde zu jedem Adjektiv mindestens zwei weitere anschauliche Adjektive zur genaueren Beschreibung.

a) alt: uralt …
b) gelb: sonnengelb …
c) grün: froschgrün …
d) groß: gigantisch …
e) klein: winzig …
f) gemustert: kariert …

Heft 3, S. 27 ②
a) alt: uralt, abgenutzt, …

3 Beschreibe kurz die Gegenstände. Benutze treffende Wörter.

A

B

C

D

Heft 3, S. 27 ③
A Der Ballerinaschuh ist …

4 Gegenstände unterscheiden

1 Schreibe auf, welche drei Begriffe nicht zur Beschreibung eines Fahrrads passen.

Heft 3, S. 28 ①
...

Rahmen | Lenker | Pedal | Lenkrad | Bremse

Kette | Reflektoren | Gangschaltung | Speiche | Kupplung

Schutzblech | Kettenschutz | Blinker | Rücklicht | Dynamo | Klingel

2 Schreibe auf, welche Gemeinsamkeiten die beiden Fahrräder haben.

Heft 3, S. 28 ②
...

3 Schreibe auf, worin sich die Fahrräder unterscheiden.

Heft 3, S. 28 ③
...

4 Eine Anzeige schreiben

In einer **Suchanzeige** stehen neben der genauen Beschreibung des gesuchten Gegenstandes auch diese Informationen:

Wer hat den Gegenstand verloren?	Felix
Wo ging der Gegenstand verloren?	im Schulhaus
Wann ging der Gegenstand verloren?	letzten Donnerstag
Bei wem/Wo kann der gefundene Gegenstand abgegeben werden?	in der Klasse 4 b

1 Lies die Suchanzeige und male den Gegenstand.

Heft 3, S. 29 ①
…

Rote Sporttasche vermisst!

Letzten Donnerstag habe ich meine Sporttasche im Schulhaus verloren. Diese quaderförmige Tasche ist aus einem roten Stoff genäht. Ein Segelboot ziert die Vorderseite. Über dem Aufdruck befindet sich an der oberen Seite ein grüner Reißverschluss. Auf dem weißen Trageband steht in großen, schwarzen Druckbuchstaben mein Name: FELIX. In meiner Sporttasche sind schwarz-gelbe Turnschuhe, eine kurze, blaue Hose und ein weißes T-Shirt. Falls du die Tasche findest, gib sie bitte in der Klasse 4 b ab. Du wirst auch mit einer Packung Gummibärchen belohnt!
Vielen Dank! Felix

2 Du hast deinen Füller verloren. Schreibe eine Suchanzeige. Nutze den Leitfaden von Seite 26 und den Regelkasten oben auf dieser Seite.

Heft 3, S. 29 ②
Füller der Marke … verloren!
…

Wann verloren?
Was?
Form?
Wer?
Material?
Wo?
Größe?
Marke?
Wo abgeben?
Farbe?
Besonderheiten?

4 Eigene Texte kontrollieren und veröffentlichen

Texte, die veröffentlicht werden, müssen **übersichtlich**, **verständlich** und **fehlerfrei** sein.

1. Überprüfe deine Suchanzeige von Seite 29 (2) auf Rechtschreibfehler.
   - Lies deinen Text sorgfältig durch und verbessere Fehler, die du sofort erkennst.
   - Markiere mit Bleistift Wörter, bei denen du dir unsicher bist.
   - Schlage diese Wörter im Wörterbuch nach.

2. Tippe deinen Text wenn möglich am Computer ab.
   Überprüfe noch einmal die Rechtschreibung.

3. Gestalte nun deinen Text und bereite ihn zur Veröffentlichung vor.
   - Unterstreiche die Überschrift oder markiere sie fett.
   - Füge nach einem Textabschnitt einen Absatz ein.
   - Male ein passendes Bild oder füge ein Bild ein.

4 Beschreibungen miteinander vergleichen

1 Lies die beiden Beschreibungen von Oliver und Gina.

a) Zeichne die gesuchten Gegenstände in dein Heft.

b) Schreibe auf, was dir auffällt.

Heft 3, S. 31 ①
a) ...
b) ...

1

Mäppchen gesucht!

Seit dem Unterricht am Freitag in der Schule fehlt mein Mäppchen. Mein Mäppchen ist blau und viereckig. Außen sind Nilpferde drauf. Am Reißverschluss hängt ein kleiner Fußball. An den Ecken ist es ein bisschen kaputt. Ich besitze einen Lamy-Füller und bunte Filz- und Holzfarbstifte. Es befinden sich weder Radierer noch Spitzer darin. Mein Geodreieck und ein Foto von Gina befinden sich in der äußeren Plastikhülle.

Wer es findet, soll sich bei mir melden: Oliver Blau, Klasse 4c

2

Mäppchen gesucht!

Mein schönes Mäppchen fehlte. Meine Oma hatte es mir zu meinem 10. Geburtstag geschenkt. Sie sagte: „Pass gut darauf auf!" Mein Mäppchen lag eigentlich immer in meinem Schulranzen oder auf einem Tisch, wenn ich schrieb. Es war rot und hatte einen Reißverschluss. Den Spitzer habe ich schon vor längerer Zeit verloren. Das war ja auch so ärgerlich! Am Wochenende wollte ich meinen Stundenplan hineinlegen.

Bitte findet es. Gina

2 Überprüfe mit Hilfe des Leitfadens von Seite 26 und der Regeln von Seite 29, was Gina bei ihrer Beschreibung nicht beachtet hat. Gib Gina mindestens vier Tipps, wie sie ihre Suchanzeige verbessern kann.

Heft 3, S. 31 ②
Es fehlt die Angabe, wo Gina das Mäppchen verloren hat.
...

3 Beschreibe das abgebildete Federmäppchen. Du kannst Olivers Beschreibung als Hilfe nutzen.

Heft 3, S. 31 ③
...

4 Über das eigene Lernen nachdenken

Ergänze deine Lernraupe.

5 Eine Zusammenfassung kennenlernen

Eine **Zusammenfassung** schreibe ich mit eigenen Worten in der Gegenwart (Präsens). Ich achte auf die zeitliche Reihenfolge.

1 Lies den Leitfaden für eine Textzusammenfassung.

Text **genau lesen**:
- mindestens zwei Mal
- unbekannte Wörter nachschlagen

Stichwörter aufschreiben:
- zwei bis drei pro Abschnitt

Einen **einleitenden Satz** schreiben:
- Art des Textes, Titel und Autor nennen
- Thema des Textes in einem Satz zusammenfassen

  Die Fabel „Der Löwe und die Maus" von Aesop erzählt …

In einem **Hauptteil** das Wichtigste in eigenen Worten schreiben:
- den Ort nennen
- Personen nennen
- deine Stichwörter in kurze Sätze umwandeln

Zusammenfassung **überprüfen**:
- Zeitform: Gegenwart
- zeitliche Reihenfolge
- sachlich, ohne wörtliche Rede
- eigene Worte

2 Lies den Text auf Seite 34. Kläre unbekannte Wörter.

3 Schreibe zu jedem Abschnitt zwei bis drei Stichwörter auf. Verbinde sie mit einem roten Faden.

Heft 3, S. 33 ③
…

4 Erzähle den Inhalt des Textes mit Hilfe deiner Stichwörter einem anderen Kind.

5 Die Zeitform einer Zusammenfassung beachten

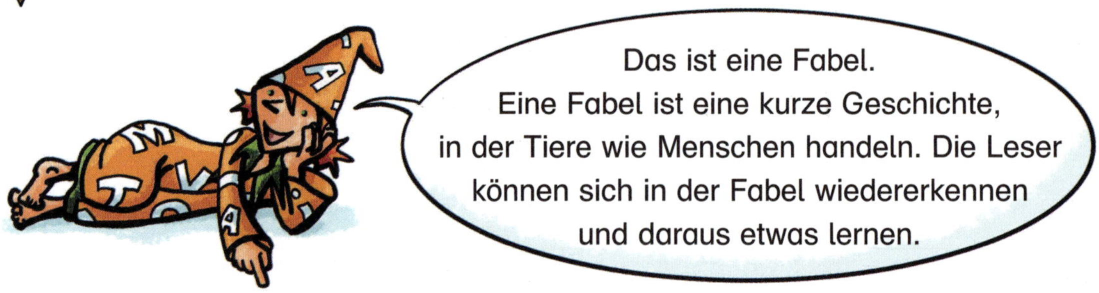

Der Löwe und die Maus

Ein Löwe schlief. Eine Maus kam herbei und dachte: „Das ist ein Berg!“, und huschte auf dem Löwen herum. Der Löwe spürte ein Kitzeln. Er wachte auf. Blitzschnell packte er die Maus, hielt sie in seiner Pranke fest und sagte: „Jetzt will ich dich fressen.“ „Warum?“, piepte die Maus. „Ich bin so klein, dass du von mir nicht satt wirst. Aber wenn du mich nicht frisst, dann kann ich dir vielleicht eines Tages helfen!“ Der Löwe musste lachen: „Du – mir helfen!“ Aber der Löwe ließ die Maus laufen und vergaß sie.

Bald fingen Jäger den Löwen und fesselten ihn mit dicken Stricken an einen Baum. Dann liefen sie weg, um einen Käfig zu holen. Der Löwe brüllte auf und spannte seine Muskeln, aber er konnte die Stricke nicht zerreißen. Müde warf sich der Löwe auf den Boden und gab alle Hoffnung auf.

Plötzlich spürte er, wie ihn etwas kitzelte. Mit einem Satz sprang die Maus vor seine Nase: „Was für schöne Stricke zum Zernagen! Gut, dass ich noch lebe und dir helfen kann, mein Freund!“ Sofort begann die Maus zu nagen. Sie nagte und nagte mit ihren scharfen Zähnen, bis die Stricke rissen. Der Löwe dankte der Maus und sagte: „Das war ein Glückstag, als ich dich nicht fraß! Komm mit!“

Aesop

1 Finde in der Fabel mindestens zehn Verben in der 1. Vergangenheit (Präteritum). Schreibe die Gegenwartsform (Präsens) dazu.

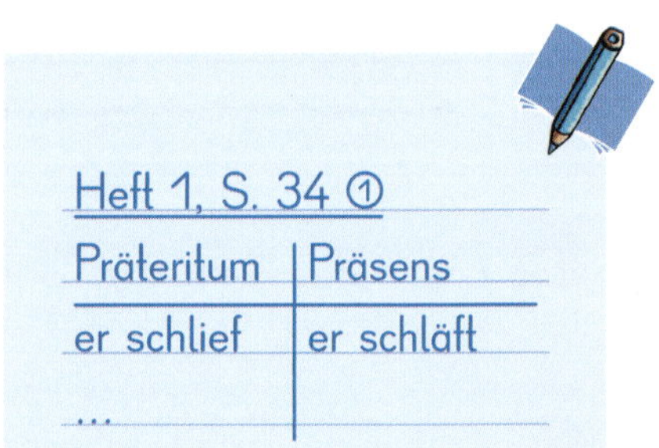

2 Schreibe einen einleitenden Satz für eine Zusammenfassung der Fabel. Nenne die Art des Textes, den Titel und den Autor.

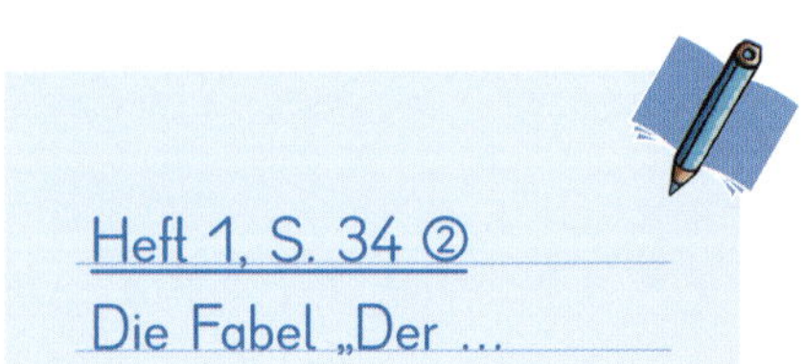

→ AH Seite 37, 38

5 Eine Fabel szenisch spielen und zusammenfassen

1 Suche drei andere Kinder, mit denen du die Fabel von Seite 34 spielen willst.

a) Schreibt die Figuren aus der Fabel jeweils auf ein Kärtchen und verteilt die Rollen.

b) Der Erzähler übt seine Textstellen.

c) Jeder schreibt für seine Figur passende Verben aus dem Text auf und überlegt, wie er sie darstellen kann.

d) Spielt die Verben vor. Die anderen Kinder müssen sie jeweils erraten.

2 Spielt die Fabel mehrmals nach. Wenn ihr euch sicher fühlt, könnt ihr die Fabel der Klasse vorspielen.

3 Schreibe mit Hilfe des Leitfadens von Seite 33 eine Zusammenfassung.

Heft 1, S. 35 ③
...

5 Eine Zusammenfassung zu einem Märchen schreiben

1 Fasse das Märchen zusammen.

a) Lies das Märchen. Kläre unbekannte Wörter.

Der süße Brei

Es war einmal ein armes, braves Mädchen, das lebte mit seiner Mutter allein, und sie hatten nichts mehr zu essen. Da ging das Kind hinaus in den Wald, und begegnete ihm da eine alte Frau, die wusste seinen Jammer schon und schenkte ihm ein Töpfchen, zu dem sollte es sagen: „Töpfchen, koche", so kochte es guten, süßen Hirsebrei, und wenn es sagte: „Töpfchen, steh", so hörte es wieder auf zu kochen.

Das Mädchen brachte den Topf seiner Mutter heim, und nun waren sie ihrer Armut und ihres Hungers ledig und aßen süßen Brei, sooft sie wollten. Auf eine Zeit war das Mädchen ausgegangen, da sprach die Mutter: „Töpfchen, koche", da kochte es, und sie aß sich satt; nun wollte sie, dass das Töpfchen wieder aufhören solle, aber sie wusste das Wort nicht. Also kochte es fort, und der Brei stieg über den Rand hinaus und kochte immerzu, die Küche und das ganze Haus voll und das zweite Haus und dann die Straße, als wollt's die ganze Welt satt machen, und war die größte Not, und kein Mensch wusste sich da zu helfen.

Endlich, wie nur noch ein einziges Haus übrig war, da kam das Kind heim und sprach nur: „Töpfchen, steh", da stand es und hörte auf zu kochen, und wer wieder in die Stadt wollte, der musste sich durchessen.

Brüder Grimm

b) Schreibe zu jedem Abschnitt zwei bis drei Stichwörter auf.

Heft 3, S. 36 ① b)
– armes Mädchen
– …

c) Schreibe einen einleitenden Satz. Nenne die Art des Textes, den Titel und den Autor.

d) Schreibe eine Zusammenfassung. Wandle dazu deine Stichwörter in kurze Sätze um.

Heft 3, S. 36 ① c) + d)
Das Märchen …

e) Überprüfe deine Zusammenfassung.

5 Eine Zusammenfassung überprüfen

1 Suche dir ein Partnerkind. Überprüft Joschis Zusammenfassung als **Aufbauexperte** und als **Ausdrucksexperte**.

Zusammenfassung von Joschi:

Der süße Brei ist ein Märchen der Brüder Grimm. Die Geschichte handelt von einem verzauberten Topf, der auf Kommando Brei kochen kann.
Ein armes Kind bettelte für sich und seine Mutter um Essen. Eine alte Frau sagt: „Ich schenke dir einen Zaubertopf, der auf das Kommando ‚Töpfchen, koch' süßen Hirsebrei zubereitet und bei den Worten ‚Töpfchen, steh' wieder damit aufhört."
Von da an mussten sie nie wieder hungern.
Als das Mädchen ausging, befahl die Mutter dem Topf Brei zu kochen. Den zweiten Spruch wusste sie nicht mehr, und er hörte also nicht wieder damit auf. Die ganze Stadt war bereits unter Brei begraben, als das Kind nach Hause kam.
Alle Kinder der Stadt fanden das lustig.

2 Schreibt für Joschi auf, was schon gut war und was er noch überarbeiten sollte.

Heft 3, S. 37 ②
Das war schon gut: ...
Das sollte noch überarbeitet werden: ...

5 Über das eigene Lernen nachdenken

Ergänze deine Lernraupe.

6 Eine Fantasiegeschichte schreiben

Eine **Fantasiegeschichte** schreibe ich in der 1. Vergangenheit (Präteritum). Ich erzähle aus der Sicht einer Person.

1 Lies den Leitfaden für das Schreiben einer Fantasiegeschichte.

Eine **Schreibidee** bekommen durch Zeitungsüberschriften, Bilder, Fotos, Textanfänge …

Eine **Einleitung** schreiben, die folgende W-Fragen kurz beantwortet:
Wer spielt mit?
sprechende Tiere, fliegende Fahrräder …
Wann spielt die Geschichte?
zur Niemandszeit, vor 1000 Jahren, im Jahr 2217 …
Wo spielt die Geschichte?
auf dem Mars, in einem Mauseloch …

Im **Hauptteil** ausführlich schreiben, was passiert:
- wörtliche Rede nutzen
- abwechslungsreiche Satzanfänge verwenden
- Gefühle schildern
- einen **Höhepunkt** schreiben

Im **Schluss** knapp schreiben, **wie** die Geschichte endet:
Nächstes Jahr werde ich wieder …

Eine passende **Überschrift** finden:
Meine Reise zum Mars

Die Geschichte **überprüfen**:
- Zeitform: 1. Vergangenheit
- Aufbau: Überschrift, Einleitung, Hauptteil mit Höhepunkt, Schluss

STOPP

2 Schreibe eine Einleitung für eine Fantasiegeschichte mit der Überschrift Die verzauberte Milch.
Verwende die folgenden Angaben:
Wer? ein mürrischer Bauer, aufgeregte Kühe und eine freche Maus
Wann? abends nach dem Melken
Wo? auf einem großen Bauernhof mit Kuhstall, Scheune und Heuboden

Heft 3, S. 39 ②
…

6 Den Hauptteil aus einer Sichtweise schreiben

Eine Geschichte kann, je nachdem, von wem sie erzählt wird, ganz unterschiedlich geschildert werden (= **Sichtweisen** der Beteiligten):
der mürrische Bauer …, die aufgeregten Kühe …, die freche Maus …

1 Ordne die verschiedenen Sichtweisen richtig zu.

Heft 3, S. 40 ①
A = …
…

freche Maus

mürrischer Bauer

aufgeregte Kühe

Heute war mal wieder ein furchtbarer Tag. Meine Kühe regten mich so auf. Diese zappeligen Biester. Ich schrie sie an: „Wenn ihr weiterhin so wenig Milch gebt, dann soll euch der Blitz treffen!“ Und plötzlich …

A

Heute war ein grässlicher Tag. Beim Melken kitzelte uns diese freche Maus ständig an den Beinen. Wir konnten uns überhaupt nicht auf unsere Milch konzentrieren. Der Bauer …

B

Heute war ein wunderbarer Tag. Als Erstes ging ich in den Stall zu den doofen Kühen und kitzelte sie ordentlich an den Beinen. Sie stampften deshalb beim Melken furchtbar herum, sodass der Bauer …

C

2 Schreibe die Fantasiegeschichte von Seite 39 weiter.

a) Lies zunächst deine Einleitung noch einmal.

b) Suche dir eine Sichtweise aus und schreibe einen Hauptteil. Die Anregungen aus 1 können dir helfen.

Heft 3, S. 40 ②
…

3 Lies deinen Text einem anderen Kind vor.

→ AH Seite 49

6 Einen Schluss schreiben

Beim Schreiben des **Schlusses** beachte ich:
- Die **Spannung lässt nach**.
- Der Schluss **rundet** die Geschichte **ab**, es gibt ein **Ergebnis**, z. B. die Lösung eines Problems, bei der gezeigt wird, was die Person gelernt hat oder jetzt fühlt.

1 Finde die sechs Schlusssätze.
Notiere die Buchstaben. In der richtigen Reihenfolge ergeben sie ein Lösungswort.

Heft 3, S. 41 ①
G ...

E So etwas wird mir nie wieder passieren.

T Alles begann an einem regnerischen Morgen.

LO Als er heute Morgen aus dem Bett stieg, ahnte der Bauer, dass dieser Tag furchtbar werden würde.

BI Eines schönen Tages, als die Kühe gerade ihr Futter fraßen, ging die Stalltür auf.

SCH Beruhigt legte er sich ins Bett und schlief ein.

A Eines schönen Morgens ging ich in den Stall.

I Dieser Tag würde ihnen noch lange in Erinnerung bleiben.

G Ende gut – alles gut.

TE Endlich waren alle zufrieden.

CH Zum Glück war nichts weiter passiert.

2 Lies noch einmal die Einleitung und den Hauptteil deiner Bauernhofgeschichte. Schreibe dazu einen passenden Schluss. Achte auf die Regeln im Kasten.

3 Suche dir für eine Schreibkonferenz mindestens zwei Kinder, mit denen du deine Geschichte überarbeitest.

6 Fantasiegeschichten anregen

1 Betrachte die Bilder und lies die Texte.
Überlege, was du tust, was du denkst
und was du fühlst.

Stell dir vor, du wärst auf dem Mars gelandet.
Wie sieht es dort aus?
Wer könnte dort leben?
Was ist mit deinem Raumschiff?

Stell dir vor, du wärst in einem Zaubergarten.
Wer ist dort?
Wie sieht es dort aus?
Ist es dort gefährlich?

Stell dir vor, du wärst unsichtbar.
Was tust du?
Was tun Personen, die du triffst?
Was kannst du noch tun?

2 Schreibe zu jedem Bild mindestens drei Sätze
in dein Heft. Die Fragen können dir helfen.

Heft 3, S. 42 ②
…

3

6 Eine Geschichte weiterschreiben

① Lies die beiden Texte.

Wütend knallte Linda die Tür hinter sich zu.
Sie durfte schon wieder nicht fernsehen.
„So ein Mist!“ Genervt ließ sie sich auf ihr Bett fallen. Da kam ihr eine Idee. Linda schlich in das Arbeitszimmer ihrer Eltern und nahm sich das Tablet. Sie schaltete es ein, um darauf zu spielen. Das Tablet gab seltsame Geräusche von sich und blitzte.
Plötzlich war Linda eine Spielfigur im Tablet …

Die Geschwister Mila und Sascha spielten am Waldrand Fangen. Plötzlich war Sascha verschwunden. Mila rief nach ihm und hörte seine Stimme unter sich. Was war nur passiert? Sie sah neben sich ein großes Loch. Mutig kletterte sie hinein und fiel ins Bodenlose. Kurz darauf fand sie sich neben ihrem Bruder in einer großen Halle. Sie schienen in einem großen unterirdischen Palast zu sein …

② Wähle eine Geschichte aus.
Schreibe sie mit Hilfe des Leitfadens von Seite 39 fantasievoll weiter.

Heft 3, S. 43 ②
…

6 Über das eigene Lernen nachdenken

Ergänze deine Lernraupe.

7 Den Aufbau einer Spielanleitung kennenlernen

Eine **Spielanleitung** schreibe ich in der Gegenwart (Präsens).
Ich schreibe sachlich und genau.
Ich denke an eine sinnvolle Reihenfolge.

1 Lies den Leitfaden für das Schreiben einer Spielanleitung.

Eine **Mindmap** erstellen:

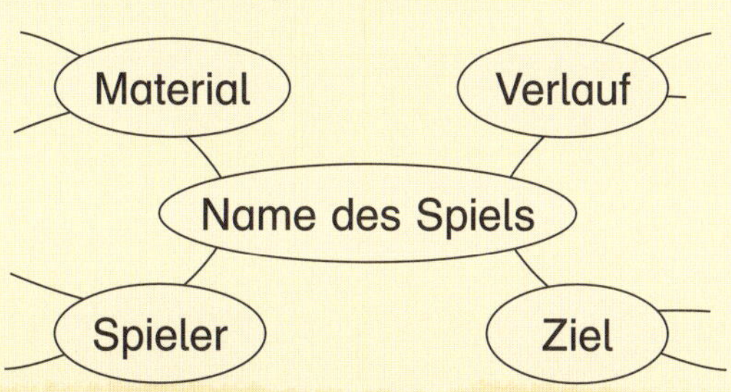

Einleitende **Informationen** geben:
- Name: „Mensch ärgere Dich nicht“
- Ziel: Figuren als Erster ins Zielfeld bringen
- Mitspieler: 2–4
- Alter: ab 5 Jahre
- Spielmaterial: Brettspiel

Den **Spielverlauf** beschreiben:
- die Vorbereitung
- den Spielbeginn
- das Spielende
- die Regeln

Eine **Empfehlung** aussprechen und die Wahl des Spiels begründen:
Ich spiele „Mensch ärgere Dich nicht“ gerne, weil …

STOPP

Spielanleitung **überprüfen**:
- Zeitform: Gegenwart
- vollständige Angaben
- abwechslungsreiche Satzanfänge

2 Notiere alle einleitenden Informationen zu deinem Lieblingsspiel auf einem Blatt.

3

→ AH Seite 55

7 Das Internet als Informationsquelle nutzen

1 Suche im Internet die Spielanleitung deines Lieblingsspiels. Lies die Anleitung und überlege, ob du dein Lieblingsspiel genauso kennst.

2 Ordne den Wörtern die Erklärungen zu.

Heft 3, S. 46 ②
USB-Stick – Abkürzung …

USB-Stick	Abkürzung für **U**niversal-**S**erial-**B**us-Stecker. Darauf können dauerhaft Daten gespeichert werden.
Blog	Seite im Internet, die man aufruft, wenn man die Adresse eines Anbieters anwählt.
Internet	Abkürzung für **W**ireless **L**ocal **A**rea **N**etwork; ein kabelloses lokales Netzwerk, das Daten mittels Funk überträgt.
WLAN	Elektronische Botschaft, die über Computernetze verschickt wird.
Tablet	Ein die ganze Welt umspannendes Netzwerk von Computern, die miteinander kommunizieren können.
Homepage	Tragbarer, flacher Computer in besonders leichter Ausführung mit einem Touchscreen.
E-Mail	Abkürzung für Web Log; elektronisches Tagebuch im Internet.

7 Eine Mindmap zu einem Spiel erstellen

1 Lies die Spielanleitung.

Spielanleitung für „Mensch ärgere Dich nicht"

„Mensch ärgere Dich nicht" ist ein bekanntes, altes Gesellschaftsspiel von Josef Friedrich Schmidt. Es geht darum, alle vier Figuren als Erster ins Zielfeld zu bringen. Das Spiel ist für zwei bis sechs Spieler ab sechs Jahren geeignet. Es gibt ein Spielbrett, 16 Spielfiguren und einen Würfel.

Jeder Spieler erhält vier Figuren in einer Farbe. Wer die höchste Zahl würfelt, beginnt. Jeder Spieler darf dreimal würfeln. Wer eine Sechs hat, darf die erste Figur auf das Startfeld stellen. Danach kann man noch einmal würfeln und um die gewürfelte Zahl vorrücken. Jene Spieler, die bei der ersten Runde keine Sechs gewürfelt haben, müssen dann wieder dreimal würfeln, bis sie die erwünschte Zahl sechs würfeln.

Sobald man eine Figur auf der Startposition hat, gilt es, diese so schnell wie möglich ins Ziel zu bringen. Wenn man wieder eine Sechs würfelt, muss man damit zuerst die restlichen Figuren aus der Startposition bringen und auf das Startfeld setzen. Erst wenn alle Figuren im Umlauf sind, kann man die Sechs auch vorrücken.

Kommt man mit einer Figur auf ein Feld, auf dem bereits eine Figur steht, kann man diese hinauswerfen. Diese Spielfigur muss wieder auf die Anfangsposition zurück. Steht auf einem Feld, auf das man vorrücken möchte, eine eigene Figur, muss man den Zug mit einer anderen Figur machen, denn man kann sich nicht selbst hinauswerfen.

Es müssen alle Spielfiguren in die Zielfelder gebracht werden, nachdem sie den vollen Kreis zurückgelegt haben. Dabei darf man die Figuren, die schon im Ziel sind, nicht überspringen, sondern jede Figur muss einzeln nachrücken, damit alle Spielfiguren auf den Zielfeldern Platz finden.

2 Zeichne die Mindmap in dein Heft und ergänze sie mit Informationen aus der Spielanleitung von 1.

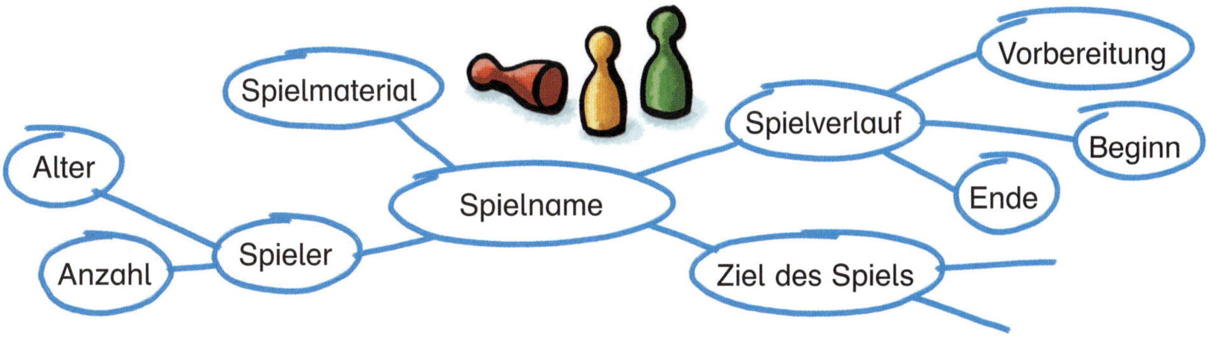

→ AH Seite 56

7 Eine Spielanleitung überarbeiten

1 Überprüfe die Spielanleitung mit Hilfe des Leitfadens von Seite 45.
Mache mindestens drei Verbesserungsvorschläge.

Heft 3, S. 48 ①
...

Bingo

Bingo ist ein einfaches Glücksspiel. Bei Bingo hatte derjenige gewonnen, der in seinem Raster zuerst eine Reihe bzw. Spalte markieren konnte und „Bingo“ gerufen hat.
Bingo besteht aus 20 Wortkarten und leeren Bingofeldern. Eine **Bingokarte** bestand aus vier Reihen und vier Spalten, also 16 Feldern.
Bei Bingo wird ein Spielleiter festgelegt. Bei Bingo suchte sich jeder Spieler aus den Wortkarten Wörter aus, die er in seine Bingokarte in einer beliebigen Reihenfolge einträgt. Das Spiel beginnt, wenn der Spielleiter eine Wortkarte zieht.
Sobald ein aufgerufenes Wort auf der Bingokarte war, musste der Spieler dieses umkreisen. Dies wird so lange gemacht, bis ein Spieler eine Reihe oder Spalte seiner Bingokarte markiert hat. Dieser ruft dann laut: „Bingo!“
Nach Überprüfung seiner Bingokarte hatte derjenige Spieler gewonnen.
Mir gefällt Bingo gut, weil man dabei Wörter übt und es Spaß macht.
Besonders lustig ist es, wenn zwei Spieler gleichzeitig „Bingo“ rufen.

Lukas, 10 Jahre

2 Spiele das Spiel mit mindestens zwei anderen Kindern.

a) Findet 20 Wörter mit s, ss oder ß in der Wörterliste und schreibt sie auf einzelne Wortkärtchen.

b) Ein Kind ist Spielleiter und nimmt die Wortkärtchen. Die anderen zeichnen eine Bingokarte auf ein Blatt Papier.

c) Wechselt nach einer Runde den Spielleiter.

7 Ein Lola-Spiel entwerfen

1. Suche dir ein Partnerkind.
Erstellt gemeinsam eine Mindmap.
Überlegt euch folgende Dinge:
   - Name des Spiels
   - Ziel des Spiels
   - Anzahl der Spieler und Alter
   - Spielmaterial
     (z. B. Spielfiguren, Spielplan …)
   - Vorbereitung des Spiels
     (z. B. Karten mischen …)
   - Spielbeginn
     (z. B. dreimal würfeln …)
   - Spielverlauf
     (z. B. Ereigniskarten ziehen …)
   - Spielende

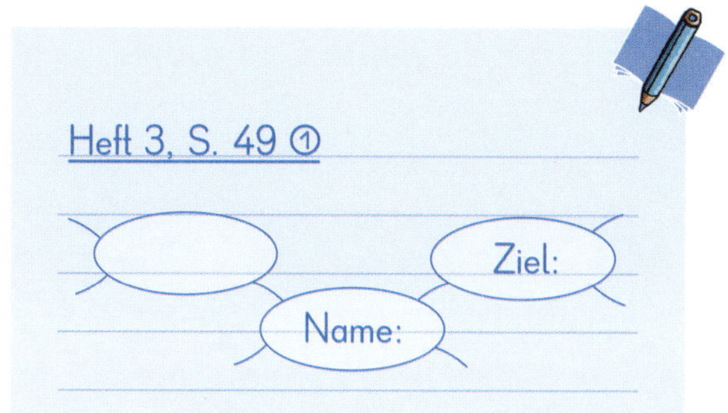

2. Schreibt mit Hilfe des Leitfadens von Seite 45 und eurer Mindmap eine Spielanleitung für euer Spiel auf eine Karteikarte oder ein leeres Blatt.

3. Erstellt das benötigte Material, zum Beispiel den Spielplan oder Ereigniskarten oder …
Probiert das Spiel dann aus.

4. Legt in der Klasse eine Kartei oder einen Hefter an.
So könnt ihr eure Spielanleitungen sammeln.

7 Über das eigene Lernen nachdenken

Ergänze deine Lernraupe.

Verschiedene Gedichtarten erkennen

1 Ordne die Merkmale den Gedichten zu.

Gelbgrüne Kirschen
in dunkelgrünem Blattwerk
eine errötet

Heike Stehr D

Heft 3, S. 51 ①
A = Abzählvers
B = ...

One and two, three, four and five.
Once I caught a fish alive.
Six and seven, eight, nine, ten.
Then I let it go again. A

Der Schnupfen C

Ein Schnupfen hockt auf der Terrasse,
auf dass er sich ein Opfer fasse

– und stürzt alsbald mit großem Grimm
auf einen Menschen namens Schrimm.

Paul Schrimm erwidert prompt: „Pitschü!“,
und hat ihn drauf bis Montag früh.

Christian Morgenstern

Gelb
strahlender Sonnenschein
oben am Himmel
warm auf meiner Haut
Sommer B

In dem Gedicht stehen betonte und unbetonte Silben meist abwechselnd.
Das Gedicht wird gebraucht, um ein Kind aus einer Gruppe auszuwählen.
ABZÄHLVERS

Das Gedicht hat insgesamt 17 Silben.
Das Thema des Gedichts ist die Natur.
HAIKU

In sich reimenden Zeilen gibt es gleich viele Silben.
Die letzten Wörter von zwei aufeinanderfolgenden Zeilen reimen sich.
REIMGEDICHT

Das Gedicht nennt als erstes Wort eine Farbe.
Das Gedicht besteht aus elf Wörtern in fünf Zeilen.
ELFCHEN

2 Wähle eine Gedichtart aus und schreibe ein eigenes Gedicht auf ein Blatt.
Achte auf die Merkmale. Du kannst auch am Computer schreiben.

3 Trage dein Gedicht aus 2 auswendig vor.

→ AH Seite 61

8 Spielerisch ein Gedicht verfassen

1 Zeichne in dein Heft einen großen Eimer.
Fülle deinen Reimeimer mit möglichst vielen eigenen Reimwortpaaren.

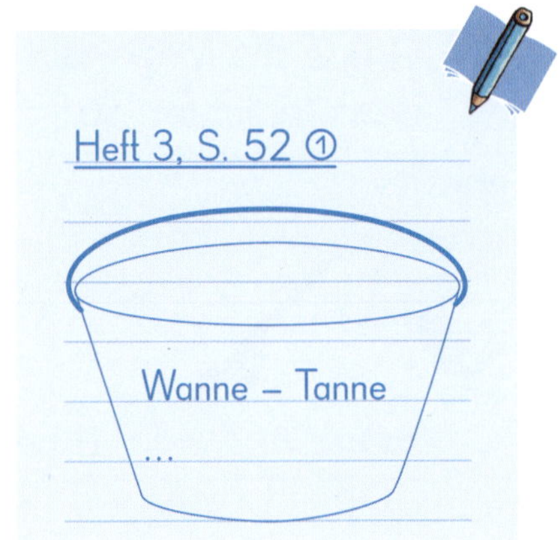

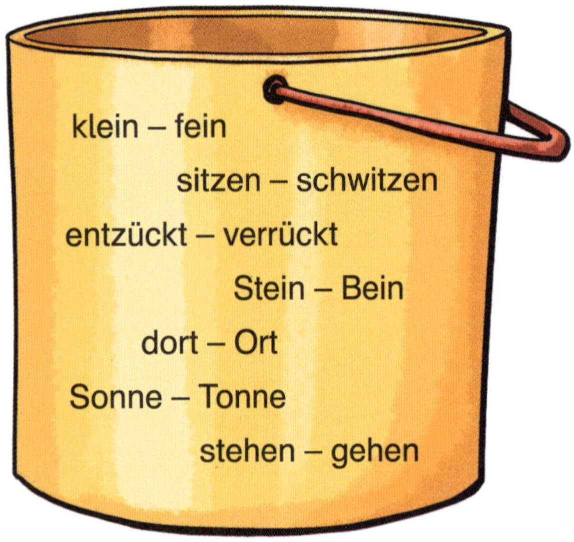

2 Verfasse ein eigenes Gedicht.

a) Schlage in diesem Heft eine beliebige Seite auf oder nimm die Wörterliste. Tippe blind auf ein Wort. Schreibe es auf einen Zettel.

b) Wiederhole diesen Vorgang so oft, bis du mindestens sechs Wörter aufgeschrieben hast.

c) Schreibe selbst ein Reimgedicht, in dem deine Wörter vorkommen. Unterstreiche am Ende deine Wörter.

8 Ein Rondell schreiben

Ein **Rondell** ist ein Gedicht mit sieben Zeilen, das sich meist nicht reimt.
Die Zeilen 4 und 7 sind Wiederholungen von Zeile 1.
Die anderen Zeilen ergänzen das Thema des Rondells.

Mit Lola arbeiten macht Spaß.
Sie gibt uns viele Tipps.
Sie hilft uns bei den Aufgaben.
Mit Lola arbeiten macht Spaß.
Mit ihrem Buchstabenkleid sieht sie lustig aus.
Sie lächelt immer.
Mit Lola arbeiten macht Spaß.

1. Schreibe selbst ein Rondell.

a) Lies den Bauplan im Kasten genau.

b) Finde ein Thema, über das du schreiben möchtest, z. B. dein Hobby.

c) Finde einen Satz für die Zeilen 1, 4 und 7.

d) Ergänze die restlichen Zeilen.

e) Überlege dir eine passende Überschrift und schreibe sie auf.

Heft 3, S. 53 ①
Überschrift: ______
1
2
3
4
5
6
7

2. Überprüfe, ob du den Bauplan eingehalten hast.
Vergleiche dein Rondell mit dem Beispiel oben auf der Seite.

8 Ein Schneeballgedicht schreiben

Ein **Schneeballgedicht** beginnt mit einem Buchstaben.
In jeder Zeile wird die Buchstabenmenge um einen Buchstaben größer.

(1) I
(2) da
(3) ist
(4) eine
(5) Biene
(6) im Glas
(7) und isst
(8) den Honig

1. Schreibe ein möglichst langes Schneeballgedicht auf ein Blatt.

2. Gestalte mit deinem Gedicht ein passendes Schmuckblatt.

3. Vergleiche dein Gedicht mit anderen Schneeballgedichten.

4.

8 Über das eigene Lernen nachdenken

Ergänze deine Lernraupe.

Einsterns Schwester 4

Themenheft 3
Texte planen und schreiben

Herausgegeben von: Roland Bauer, Jutta Maurach

Erarbeitet von: Katrin Baudendistel, Daniela Dreier-Kuzuhara

Fachliche Beratung exekutive Funktionen: Dr. Sabine Kubesch, INSTITUT BILDUNG plus, im Auftrag des ZNL TransferZentrum für Neurowissenschaften und Lernen, Ulm

Begutachtung: Katrin und Peter Bertram (Mühlenbeck), Maire Büntemeyer (Syke), Angelika Fischer (Weiterstadt), Claudia Hoeschen (Kappeln), Sybille Maier-Alvarez del Cid (Achern), Julia Schäfer (Gießen)

Redaktion: Sabine Gerber, Mirjam Löwen

Illustration: Yo Rühmer, Frankfurt am Main

Umschlaggestaltung: Cornelia Gründer, agentur corngreen, Leipzig

Layout und technische Umsetzung: lernsatz.de

fex

fex steht für *Förderung exekutiver Funktionen.* Hierbei werden neueste Erkenntnisse der kognitiven Neurowissenschaft zum spielerischen Training exekutiver Funktionen für die Praxis nutzbar gemacht. **fex** wurde vom **ZNL TransferZentrum für Neurowissenschaften und Lernen** (www.znl-ulm.de) an der Universität Ulm gemeinsam mit der **Wehrfritz GmbH** *(www.wehrfritz.com)* ins Leben gerufen. Der Cornelsen Verlag hat in Kooperation mit dem ZNL ein Konzept für die Förderung exekutiver Funktionen im Unterrichtswerk *Einsterns Schwester* entwickelt.

www.cornelsen.de

2. Auflage, 2. Druck 2019

Alle Drucke dieser Auflage sind inhaltlich unverändert
und können im Unterricht nebeneinander verwendet werden.

© 2017 Cornelsen Verlag GmbH, Berlin

Das Werk und seine Teile sind urheberrechtlich geschützt.
Jede Nutzung in anderen als den gesetzlich zugelassenen Fällen bedarf
der vorherigen schriftlichen Einwilligung des Verlages.
Hinweis zu §§ 60 a, 60 b UrhG: Weder das Werk noch seine Teile dürfen ohne
eine solche Einwilligung an Schulen oder in Unterrichts- und Lehrmedien (§ 60 b Abs. 3 UrhG)
vervielfältigt, insbesondere kopiert oder eingescannt, verbreitet oder in ein Netzwerk eingestellt
oder sonst öffentlich zugänglich gemacht oder wiedergegeben werden.
Dies gilt auch für Intranets von Schulen.

ISBN 978-3-06-083581-2 (Themenheft Leihmaterial)
ISBN 978-3-06-084246-9 (E-Book Einsterns Schwester 4 Leihmaterial)

Dieses Heft ist Bestandteil des Pakets „Einsterns Schwester 4“ (ISBN 978-3-06-083578-2)
und kann auch einzeln bestellt werden.

Inhalt gedruckt auf säurefreiem Papier aus nachhaltiger Forstwirtschaft.